LES FEMMES
ET
LES ÉPINARDS
CHANSONS NOUVELLES

PARIS

LIBRAIRIE DES VILLES ET DES CAMPAGNES
18, RUE SOUFFLOT, 18

LES FEMMES

ET

LES ÉPINARDS

CHANSONS NOUVELLES

PAR

BELTON, H. DURAND, GABORIAU
C. GAUTHIER, A. HARDY, E. BOURSIN,
LEMOYNE, A. DESPREZ, ETC.

PRIX : 50 CENT.

PARIS
LIBRAIRIE DES VILLES ET DES CAMPAGNES
RUE SOUFFLOT, 18
—o—
1870

LES FEMMES ET LES ÉPINARDS

Air : *Écoute-moi bien ma Brunette.*

Je n'aime pas les épinards,
La chose est sûre et sans conteste,
Et j'en suis aise à tous égards,
Car si j'aimais les épinards,
J'en mangerais et.... puis le reste.
Pour les femmes, c'est même cas :
Je ne suis pas meilleur apôtre,
Et j'y goûterais comme un autre,
Si je leur trouvais quelque appât ;
Mais, vrai ! je ne les aime pas.

Il était de mon sentiment,
Ce juge qui, dans chaque trame
Survenant à son jugement,
Avant tout pourquoi ? tout comment ?
Disait : « Cherchons où est la femme ! »
Combien, en effet, de faux pas
Le sexe faible fait commettre !
Du monde, exact thermomètre,
Si la femme est haut, l'homme est bas.
Aussi, je ne les aime pas.

On me dira, c'est convenu :
« Pourtant, la femme est de l'espèce
« Le spécimen le mieux venu ;
« Le nier serait saugrenu
« Et d'une intelligence épaisse.
« Il faut se rendre sans combat
« Et proclamer nos souveraines
« Les femmes, de la grâce reines. »
Moi qui tiens pour le célibat,
Flatteur ! je ne les aime pas.

Savez-vous ce qu'il me faudrait
Pour dompter cette antipathie ?
C'est une femme qui serait
Aimable, discrète, et n'aurait
Pour bijoux que sa modestie ;
Je voudrais, voilà l'embarras,
Qu'elle fût simple dans sa mise,
A son mari toujours soumise ;
En connaissez-vous dans ce cas ?
Aussi je ne les aime pas.

BELTON.

LA GARGOTTE

AIR : *Les souris n'font pas d'croûtes.*

On a chanté sur plus d'un ton
Le vin, l'amour, la cigarette,
La contredanse et le piston,
La pivoine et la pâquerette ;
Tous ces chants-là sont de bon goût,

Mais pour moi c'n'est que d'la gnognotte.
Parlez-moi de soupe et d'ragoûts
Et chantons : vive la gargotte !

Un chant léger ou gracieux
Ne remplit pas un ventre vide :
L'avouerai-je ? j'aime bien mieux
Quelque chose de plus solide ;
On peut me traiter de goulu,
D'animal, de nature sotte,
J'aim' la viand' cuite et le vin cru,
Et, ma foi, vive la gargotte !

D'abord il est sûr et certain
Que tous les prôneurs de poème
Ont d'la fortune et le moyen
De manger mieux que la Bohême.
Tous ces avaleurs de frimas
Disent entre eux que je barbote ;
Moi qui suis plus maigre que gras,
Je chante : vive la gargotte !

Tout change et s'transforme ici-bas,
La poésie comme la mode ;
Ce qu'on vantait à tour de bras
Bientôt après semble incommode ;
On a chansonné l' boulanger,
L'chiffonnier paré de sa hotte,
Moi, tant que je pourrai manger,
Je chant'rai : vive la gargotte !

H. Gaborfau.

LURONS BIEN RONDS

CHANSON.

Paroles de H. DURAND.

Air : *Prisons, prisons* (Leclaire).

Refrain :

Lurons
Bien ronds,
La bouteille
Est franche et vermeille.
Du vin
Divin
Que le verre soit toujours plein !

Amis, sans aucun trac
Fêtons notre estomac ;
Que le vin, le cognac
Dedans forment un lac ;
Que l'odorant tabac
Parfume notre frac.
L'argent s'enfuit du sac,
Emplissons le bissac.
     Lurons, etc.

Quoique fort comme un roc
Parfois, fatal accroc,
Le corps reçoit un choc ;
Il nous faut prendre un loch.
Mais moi, fier comme un coq,
Alors je fais un troc.
Ma médecine *ad hoc*
Est le vin de mon broc.
      Lurons, etc.

Enfin s'ouvre le bal,
L'orchestre instrumental
Du joyeux bacchanal
A donné le signal.
Le bruit est colossal,
Le galop infernal ;
Tout danse en ce local,
Jusqu'au municipal.
      Lurons, etc.

Buvons à la gaîté,
A la fraternité,
Et que l'égalité
Siége à notre côté.
Que, plein de volupté,
Chacun avec fierté
Perde sa liberté
Aux pieds de la beauté.
      Lurons, etc.

LES GOUTS D'AUJOURD'HUI

RONDEAU SATIRIQUE.

Paroles d'Auguste HARDY.

AIR du *Sou,* ou du *Nez,* ou des *Comédiens.*

En ce moment je fais vibrer ma lyre
De sons moqueurs pour censurer nos goûts ;
Sots, prenez garde au fouet de la satire,
Vous ne pourrez pas éviter ses coups.

Un grand auteur fait jouer une pièce
Pour critiquer les modes d'à présent ;
Depuis ce jour tout le monde s'empresse
A copier ce qu'il abîme tant.

Voyez là-bas cet homme anti-nature
Portant un col plus dur que le carton,
Qui lui meurtrit moitié de la figure,
Il souffre, mais... c'est à la Benoîton.

Ah ! par ici c'est une jeune dame
Dont chaque oreille a d'énormes pendants,
Sous ces bijoux sa chair se fend, s'enflamme,
Faut bien souffrir... avec des diamants.

Et cet auteur, le roi de nos théâtres,
Se fait un nom dans la pièce à mollets ;
Pour sa bêtise il a des idolâtres,
Au lieu d'avoir de bons coups de sifflets.

Voyez ce vieux affichant la misère,
Dont les haillons roulent tous les quartiers,
Malgré sa mise il est millionnaire,
Et ses trésors n'auront pas d'héritiers.

Mais celui-là, dont le luxe de prince
Nous éblouit, il attend le moment
Pour engraisser sa bourse par trop mince
Et se donner un léger coup de vent.

Mais c'est assez; s'il fallait que je dise
Tous les défauts qui nous placent bien bas;
S'il me fallait saper chaque sottise,
Ah! mes amis, je n'en finirais pas.

Vous le voyez, j'ai fait vibrer ma lyre
De sons moqueurs pour censurer nos goûts.
Sots qui craignez le fouet de la satire,
Vous n'avez pu vous garer de ses coups.

PRINTEMPS

Les amoureux ne vont pas loin.
On perd du temps aux longs voyages.
Les bords de l'Yvette ou du Loing
Pour eux ont de frais paysages.

Ils marchent à pas cadencés
Dont le cœur règle l'harmonie,
Et vont l'un à l'autre enlacés
En suivant leur route bénie.

1.

Ils savent de petits sentiers
Où les fleurs de mai sont écloses;
Quand ils passent, les églantiers,
S'effeuillant, font pleuvoir des roses.

Ormes, frênes et châtaigniers,
Taillis et grands fûts, tout verdoie,
Berçant les amours printaniers
Des nids où les cœurs sont en joie :

Ramiers au fond des bois perdus,
Bouvreuils des aubépines blanches,
Loriots jaunes suspendus
A la fourche des hautes branches.

Le trille ému, les sons flûtés,
Croisent les soupirs d'amoureuses :
Tous les arbres sont enchantés
Par les heureux et les heureuses.

André Lemoyne.

LA NUIT DANS LA FORÊT

Tais-toi, mon âme et ma sœur !...
    La douceur
De la lune met aux branches
Des frêles bouleaux neigeux
    Les tons bleus
Et délicats des pervenches !...

On n'entend rien dans les bois :
    Ni la voix
Mystérieuse des Fées,
Ni le bruit obscur des nids
    Assoupis,
Ni les plaintes étouffées

Des papillons sous les cieux
    Somptueux,
Ni la libellule amie,
Ni même les derniers sons
    Des chansons
De la cigale endormie !...

Pas un seul chardonneret
    N'oserait
Maintenant se faire entendre;
Nul oiseau de la forêt
    Ne saurait
Composer rien d'aussi tendre

Que ce doux silence aimé,
    Bien rhythmé
Pour notre extase amoureuse,
Par les très-chers et très-lents
    Battements
De ta gorge langoureuse !...

Ah ! le rossignol s'est tu !...
    Et vois-tu,

Je sens tout mon cœur se fondre !
Ne parle point, même bas !
  Ne prends pas
La peine de me répondre.

Rien, Mignonne, ne dis rien !
  Je sais bien
Tout ce que tu pourrais dire !...
Ecoute, petite Fleur :
  Dans mon cœur
Toute la forêt soupire !....

EUG. VERMERSCH.

L'ÉPICURIEN

CHANSONNETTE.

Paroles de M. H. DURAND.

Air : *Cadet-Roussel.*

Ici-bas ne possédant rien,
Je vis en aimable vaurien.
Ma gaîté, voilà mon seul bien,
Et toujours je m'en trouve bien.
Content de ce que Dieu m'envoie,
Du vrai bonheur je suis la voie.
 Eh gai ! voilà comment
Je sais vivre joyeusement,

Mon père, né d'un vigneron,
Fut toujours joyeux biberon.
Moi, son fils, franc et gai luron,
J'ai pris Désaugiers pour patron,
Suivant sa lyrique devise :
Jouir est le but que je vise.
    Eh gai ! voilà comment
Je sais vivre joyeusement.

En philosophe, en chansonnier,
Lorsque je n'ai pas un denier,
Le sort me faisant casanier,
Pour m'égayer dans mon grenier,
Piron, Collé, Debreaux, Voiture,
Béranger, voilà ma lecture.
    Eh gai ! voilà comment
Je sais vivre joyeusement.

Partisan de la volupté,
Fuyant l'hymen trop redouté,
Si je fais choix d'une beauté,
Je conserve ma liberté.
Lorsque démon devient mon ange,
Pour un autre alors je le change.
    Eh gai ! voilà comment
Je sais vivre joyeusement.

Au dîner je ne boude pas,
Pour moi la table a des appas.
M'attend-on pour un gai repas,
Vite on me voit doubler le pas,

Gastronome par habitude
La bonne chère est mon étude.
  Eh gai ! voilà comment
Je sais vivre joyeusement.

Possédant un cœur généreux,
De vains honneurs peu désireux,
Exempt de tous soins onéreux,
J'ai sans cesse pour être heureux,
Vrais amis, aimable maîtresse,
Gais refrains et vive allégresse.
  Eh gai ! voilà comment
Je sais vivre joyeusement.

JUSQUES AU BOUT DU NEZ

CHANSONNETTE.

Ils s'en allaient par le village,
Le meunier Jean et son mulet,
Tous les deux faisant grand tapage :
Bruit de grelots, coups de fouet
Annonçaient au loin leur passage...
Aussi fillettes venaient voir
Le meunier Jean sur sa monture,
Conduisant ses sacs de mouture
Au vieux métayer du manoir...
  Prends garde, Mathurine,
  Car les garçons meuniers
  Sont tous blancs de farine
  Jusques au bout du nez...

Jean qui passait dans la prairie
Vit Mathurine qui gardait
Auprès d'une épine fleurie
Ses deux grands bœufs couleur de lait :
Or Mathurine était jolie :
Monsieur Jean fit la bouche en cœur,
Et puis il lui conta fleurette :
Il promit même à la pauvrette
De l'épouser... vil séducteur !...

    Prends garde, Mathurine,
      Car les garçons meuniers, etc.

Le gaillard fut vite en besogne,
Et Mathurine souriait...
On boit du bon vin en Bourgogne,
On est vigneron... ce qui fait
Que d'amour Jean devint ivrogne.
Il l'embrassa... puis disparut...
Mais au village Mathurine
S'en revint blanche de farine,
Tout le monde s'en aperçut.

    Prends garde, Mathurine,
      Car les garçons meuniers, etc.

Si vous voulez une morale,
Je vous le dis, en vérité,
Jeunes fillettes au front pâle
Qui voulez voir moudre le blé,
Lisez, lisez ma pastorale,
Et si quelque garçon meunier

Vous embrassait, par aventure,
Vite essuyez votre figure
Et cachez votre tablier.

 Prends garde, Mathurine,
 Car les garçons meuniers, etc.

E. BOURSIN.

NE VOUS EN SOUVENEZ-VOUS PLUS

ROMANCE.

Paroles d'Auguste HARDY.

AIR : *Comme les perles, les étoiles,*
 ou : *Je t'aime encor.*

Est-ce donc vrai ce qu'on publie ?
Vous avez trahi vos serments.
Demain, Lucienne, on vous marie,
Et vous riez de mes tourments.
Hélas ! ingrate, et les promesses
Auxquelles, insensé, je crus !
Et ces jours de douces caresses,
Ne vous en souvenez-vous plus ?

Vous aviez dix-sept ans à peine,
Je venais d'atteindre vingt ans :
La brise parfumait la plaine
Où souriait le gai printemps.

A vos genoux, bonheur suprême!
Ensemble, nos deux cœurs émus
Battaient quand je vous dis : «Je t'aime!»
Ne vous en souvenez-vous plus?

Combien d'occasions offertes
J'ai méprisé; car nos amours
A mon cœur suffisaient, et certes
J'aurais été constant toujours.
Vous me juriez d'être fidèle...
Chimère des temps révolus !
Je ne respirais que pour elle,
Ne vous en souvenez-vous plus?

Mon existence malheureuse
Loin de vous s'en ira finir.
Ah ! Lucienne, restez heureuse,
Ou puissiez-vous le devenir.
Un jour on vous dira : Madame,
Il est au séjour des élus
Celui qui vous livra son âme....
Ne vous en souvenez-vous plus?

LE BUVEUR

CHANSON.

Paroles de H. DURAND.

Air : *Le Dimanche* (Henrion).

Bacchus, enivre-moi toujours,
Que ta liqueur enchanteresse

Loin de moi chasse la tristesse,
Embellissant mes derniers jours.

Pour moi son feu consolateur,
En se répandant dans mes veines,
Rend du sage les leçons vaines.
Je bois, je bois avec ardeur ;
Ivre de ton jus salutaire,
Quel prodige digne des cieux !
Je vois tous les maux de la terre
Soudain disparaître à mes yeux.

Quand je puise dans mon gousset,
Où n'est pas même une pistole,
Je crois prendre dans le Pactole
L'or qui jadis y reposait.
Ma bouteille, mon espérance
Qui charme mes plus doux instants,
Est la fontaine de Jouvence
Qui me rajeunit de vingt ans.

Quand sous toi succombe mon cœur,
Ce qui deux fois par jour arrive,
Dans une extase fugitive,
Enfin j'aperçois le bonheur.
Au sein d'une douce allégresse,
Je vois mon rêve s'achever,
Et plein d'une joyeuse ivresse,
Toujours ainsi je veux rêver.

Tout se trouve dans ton nectar :
Grandeur, amour, bonheur et gloire.

Bien souvent je perds la mémoire
Sous ton séduisant étendard ;
Alors mon front n'est plus sévère,
L'avenir est beau désormais ;
Quand je vide et remplis mon verre,
Mon grenier devient un palais.

HARMONIES TRISTES

Ritournelle.

Là, dans mon cœur mélancolique
La douce et funèbre musique
Des pleurs, des regrets, des amours
Murmure et chantonne une plainte,
Et puis, de plus en plus éteinte,
Meurt en accords lointains et sourds,
Comme une ancienne ritournelle
Longue, lente, étrange et cruelle !...

Comme une ancienne ritournelle
Où ronfle le violoncelle,
Où siffle le fifre moqueur,
Où battent les tambours moroses,
L'écho des amoureuses choses,
Doux et profondément vainqueur,
Fait une funèbre musique,
Là, dans mon cœur mélancolique...

Quand résonne, triste et rhythmique,
La douce et funèbre musique
Des pleurs, des regrets, des amours,
Je crois ouïr, un soir d'automne,
La gamme vague et monotone
Des parfums pénétrants et lourds
Qui d'une forêt éternelle
Viendrait comme une ritournelle !...

Oui, la voix de la chère belle
Dans mon cœur par instants rappelle
Le souvenir de nos beaux jours,
Et puis, de plus en plus éteinte,
Murmure et chantonne la plainte
Des pleurs, des regrets, des amours,
Comme une ancienne ritournelle
Longue, lente, étrange et cruelle !...

EUG. VERMERSCH.

ODETTE

CANTILÈNE.

Paroles de LOUIS ROGER, musique de
DELPHIN BALLEYGUIER.

(Chez PETIT aîné, éditeur, 42, galerie Montpensier, Palais-Royal.)

Vos douces chansons, ô ma douce Odette !
Des passants, le soir, arrêtent les pas,
Craignez des méchants la langue indiscrète :
Quand vous les chantez, chantez-les tout bas.

Souvent de la nuit troublant le silence,
Vous rêvez d'amour; ne savez-vous pas
Qu'après un aveu le regret commence ?
Quand vous y rêvez, rêvez-y tout bas.

arfois au jardin, votre cœur soupire
t vous vous cachez sous les frais lilas....
n sait ce qu'un cœur de seize ans peut dire :
uand vous soupirez, soupirez tout bas.

'ai vu dans vos cils perler une larme,
t vos jolis yeux semblaient dire : hélas !
e l'amour enfin vous sentez le charme.
h ! si vous m'aimez, dites-le tout bas.

aissez, laissez-moi sur vos lèvres roses
ueillir un baiser qu'on ne verra pas.
èvres de seize ans sont des fleurs écloses,
aissez, laissez-moi le prendre tout bas.

A EST LONG DANS PATE

CHANSONNETTE

Air : *Dans le fond du verre.*

'ai vingt-un ans, je sais charmer les belles,
e sais chanter, boire et travailler fort;

Je sais aussi, n'aimant pas les querelles,
Bien me bûcher quand on me dit: « T'as tort! »
Mais, hors cela, je ne sais rien qui vaille,
J'ignore tout, jusqu'à mon alphabet.
Sur la grammaire il faut que je travaille
Et que j'apprenne à rimer... un poulet.

Refrain.
(Très-lentement.)

A est long dans pâte
Et bref dans patte,
U est long dans bûche
Et bref dans cruche,
O est long dans... ah!
Sacrédié! la grammaire,
Ça n'amuse guère!

L'instruction! c'est bien facile à dire;
Mais que la chose est donc dure à saisir!
Pourtant l'amant qui sait écrire et lire
N'est-il pas bien payé par le plaisir!
Sur du papier il parvient, quel beau rêve!
A refléter son cœur en traits de feu....
Ah! s'il le faut, qu'à la peine je crève,
Mais qu'à mon tour je sois instruit, morbleu!

A est long dans, etc.

Je ne tiens pas à savoir la musique:
Il faut du goût pour bien filer les sons;
Mais j'ai dans l'âme un encens poétique,
Et j'aimerais à rimer des chansons.

Parler en vers à l'objet de ma flamme
Fut de tous temps mon rêve *ultra plus nec*.
Je ne comprends pas l'amour chez la femme
Sans poésie... et sans souper avec.

   A est long dans, etc.

Ah! j'ai grand'peur de ne pouvoir rien faire,
Car mon esprit d'écouter ne prend soin;
Je lis: *fillette* où c'est écrit: *grammaire*,
Mes yeux sont là, mais mon cœur est plus loin.
O mon esprit! il faut que je vous gronde,
Pouvez-vous bien ainsi fuir mes leçons!
Voyons, monsieur, c'est trop damner le monde,
Recommençons, vite recommençons!

   A est long dans *phâme*
    Et bref dans dame,
   U est long dans flûte
    Et bref dans lutte,
   O est long dans... Ah!
  Sacrédié! la grammaire
    Ça n'amuse guère!

      Célestin Gauthier.

TOUT POUSSE

ACTUALITÉ.

Paroles de Célestin Gauthier, musique de Frédérich.

Refrain.

Tout pousse, tout pousse, tout pousse !
Et mes tilleuls, chargés de mousse
(Ceci n'est point un fait caché),
Malgré qu'ils n'ont pas de feuillage,
Donnent déjà beaucoup d'ombrage,
Oui... quand le soleil est couché.

L'hiver a disparu : la nature attendrie,
Sous les premiers baisers d'un soleil de printemps,
Se réveille agitée ; un grand souffle de vie
Vient pour lui rappeler qu'elle a toujours vingt ans

Tout pousse, etc.

Au printemps chaque chose à pousser s'évertue,
Et le joyeux soleil, ce roi des enchanteurs,
Qui fait germer du sol les poireaux, la laitue,
Fait encore en volcans se transformer nos cœurs.

Tout pousse, etc.

Au printemps on le sait, la fleur épanouie
Exhale son parfum, reflète sa beauté,
Et le garçon pubère à mine réjouie
Voit son front se couvrir de boutons de santé.

Tout pousse, etc.

Le printemps c'est un dieu, dieu mutin et peu sage,
Qui pour faire ses coups se glisse à petit bruit ;
Ici de la fillette il rougit le visage,
Et là du cerisier il fait mûrir le fruit.

    Tout pousse, etc.

Oui, printemps, et c'est là ce qui fait ta puissance,
C'est là ce qui toujours te fera nous charmer,
Car ton nom que bénit la vieillesse et l'enfance,
Ton nom pour tous veut dire : aimer ! aimer ! aimer !

    Tout pousse, etc.

HONNEUR ET GLOIRE AUX VIGNERONS

CHANT BACHIQUE.

Paroles d'Auguste HARDY.

AIR : *Tout est soldat (La France guerrière).*

Refrain.

Le verre en main, gais enfants de la treille,
Entonnons tous nos plus joyeux flonflons,
Et répétons, en vidant la bouteille,
Honneur et gloire aux vignerons !
Joyeux buveurs, francs lurons de la France,
Le fruit vermeil paraît sur nos coteaux,
Le vigneron sourit dans l'espérance
Qu'il remplira sous peu tous ses tonneaux.
Serpette en main, dévalisant la vigne,

Ne laissant pas le plus petit raisin,
Du dieu Bacchus il sait se rendre digne,
Afin d'avoir tous les ans du bon vin !
Le verre en main, etc.

Quand le raisin dans la cuve bouillonne,
Chacun se dit : maintenant au pressoir !
Pressons ce fruit que le bon Dieu nous donne,
Que ce travail pour nous soit un devoir.
Ah ! qu'il est doux le temps de la vendange !
Qu'on est heureux quand revient ce moment !
Chaque buveur adresse une louange
Au vieux Noé, puis il reprend gaîment :
Le verre en main, etc.

Quand c'est fini, qu'on a rempli la tonne,
Chacun s'assemble en un joyeux festin,
Et, tour à tour, au dessert on entonne
De gais couplets au Dieu du jus divin.
Dans ces repas on bannit l'étiquette,
Sur tous les fronts se montre la gaîté ;
On chante, on rit, on se trouve en goguette,
Et puis l'on trinque au vin, à la beauté !
Le verre en main, etc.

MON P'TIT BOUT D'HOMM' DE FRÈRE

CHANSONNETTE ENFANTINE.

Air : *Le ménétrier Thomas.*

Mon frère est un tout p'tit garçon
   Qu'est pas plus haut qu'un'botte,
Avec un quart de molleton
   On lui f'rait un' culotte.
On pourrait prend' pour son berceau
   Les souliers de mon père.
Ah! c'est qu'il n'est vraiment pas haut,
   Mon p'tit bout d'homm' de frère !

Il faut bien s'garder, nonobstant,
   De rire de sa taille;
Car, lors même qu'il n'est pas grand,
   Il vous livr'rait bataille!
Se battre est son plus grand régal,
   Tant il a l'âm' guerrière :
Ça va faire un grand général,
   Mon p'tit bout d'homm' de frère !

Ainsi que l'aile d'un moulin,
   Sans cesse va sa langue;
Il nous fait, le petit câlin,
   Harangue sur harangue.
Douze heur's durant, avec éclat,
   Il parlerait sans s'taire :
Ça va faire un bel avocat,
   Mon p'tit bout d'homm' de frère!

D'histoir's et de contes moraux
   Sa petit' tête est pleine ;
Il sait par cœur cent fabliaux
   D'Perrault et d' La Fontaine.
Sa mémoire ainsi qu' son esprit
   Ne connaiss'nt point d'barrière :
Ça va faire un fin érudit,
   Mon p'tit bout d'homm' de frère !

Quel état va-t-il se choisir
   Dans c'monde où Dieu nous jette ?
Sera-t-il héros ou martyr,
   Tribun, prêtre ou poète ?
Mais si l'on n'peut être certain
   D'avanc' de c'qu'il va faire,
Moi j'suis sûr qu'il fera son ch'min,
   Mon p'tit bout d'homm' de frère !

              Célestin Gauthier.

LA BOHÉMIENNE

   Paroles de L. Roger, musique de
        M. d'Hauterive.

Pauvre fille de la Bohême
Vivant de danse et de chansons,
J'étais la folle enfant qui sème
Ses chants joyeux dans les moissons.

J'avais le soleil pour couronne ;
Mon front bruni vous le dira,
J'étais heureuse, j'étais bonne,
Et ma tendre mère était là.

 Cymbales joyeuses,
  Vibrez dans mes mains,
 Lèvres amoureuses,
  Chantez vos refrains.

Il vint dans la foule frivole ;
Je le vis, mon cœur se troubla.
Vous devinez que j'étais folle
Quand cet inconnu me parla.
Amour ! rêve auguste des anges,
Rêve de la femme ici-bas,
Tu m'enivras de mots étranges,
Moi qui ne te connaissais pas.

 Cymbales joyeuses,
  Vibrez dans mes mains,
 Lèvres amoureuses,
  Chantez vos refrains.

Cet homme prit mon cœur en larmes,
Mon cœur pur, exempt de douleurs ;
Contre eux tous j'avais eu des armes,
Contre lui je n'eus que des pleurs.
Lâchement il prit la colombe,
Etouffa sa vie et s'enfuit :
A moi l'abîme, à moi la tombe !
A mes yeux l'éternelle nuit.

2.

Cymbales joyeuses,
Vibrez dans mes mains,
Lèvres amoureuses,
Chantez vos refrains.

FAUT RÉFLÉCHIR AVANT D'PARLER

CHANSONNETTE

Air de : *Mettez moi ça dans du papier.*

Je suis de l'an mil huit cent quatre,
Et, quoiqu' ancien, j'ai l'œil à tout ;
Mais si l'progrès fait l'diable à quatre,
Je n'm'en occupe pas du tout ;
Depuis longtemps j'ai mis c'que j'pense
Dans un p'tit coin, bien ficelé,
Il est bon d'avoir d'la prudence
Et d'réfléchir avant d'parler.

Lorsque je me mis en ménage,
J'voulus deux chambres et deux lits,
Disant que, par ce moyen sage,
J'aurais la femm' sans les petits.
Maint'nant j'en ai bien huit qui braillent,
D'un appétit à m'avaler,
De plus tous mes amis me raillent :
Faut réfléchir avant d'parler.

J'avais dit : le parler, la mise
Chez moi seront du meilleur ton ;
Jugez un peu de m surprise,

Ma femme est à la Benoiton !
Sa toilette excentriqu' m'assomme !
Ses propos me font détaler !
Mes amis, vrai, pour être un homme,
Faut réfléchir avant d'parler.

Depuis que les femm's sont sur terre,
La mode a changé bien des fois,
Et c'est à qui fera la guerre
Aux habitudes d'autrefois.
De cette affection chronique
Pourra-t-on se débarrasser ?
Quant à me prononcer, bernique,
Faut réfléchir avant d'parler.

GABORIAU.

MON ERMITAGE
Air.

Ma chambrette solitaire
N'a qu'un pauvre mobilier,
Qui, sans mentir, ferait faire,
Dans un grand jour d'inventaire,
La grimace à maint huissier.

On n'y voit ni bois d'ébène,
Ni fauteuil en acajou,
Ni bahuts sculptés en chêne
Dont la ciselure ancienne
Remonte à René d'Anjou.

Ne cherchez sur ma muraille
Ni glace au cadre doré,
Ni peinture de bataille,
Ni toile ou dessin qui vaille
La peine d'être admiré.

Mon lit, ma table et ma chaise
Sont en bois blanc tout uni,
Le sapin vous met à l'aise,
Et pourtant, ne vous déplaise,
Tout est coquet dans mon nid.

Les murs, sous leur robe blanche,
Ont un éclat printanier:
Comme un oiseau sur la branche,
Mon Musset sur une planche
Dort près du Calendrier.

Et soldat toujours de garde
A mon chevet jour et nuit,
Mon fusil, qui me regarde,
Semble dire : Qu'il me tarde
« D'aller faire un peu de bruit ! »

Le soleil à ma fenêtre
Vient frapper pour m'éveiller:
Phébé, qui me prend en traître,
Aime fort à m'apparaître,
La nuit sur mon oreiller.

Dans mon lit où je griffonne
Quelques rimes à loisir,
Je tresse alors en couronne,
Sur le drap que je chiffonne,
Les bluets du souvenir.

Dans ma vague rêverie,
Evoquant nos plus beaux jours,
Je bénis, ô mon amie,
Dieu qui fit pour cette vie
Le soleil et les amours.

Jamais l'ennui, sombre fée,
N'a touché d'un doigt pesant
Mon âme où vit ta pensée :
Absente ou non, chère aimée,
Ton nom m'est toujours présent.

Jour et nuit, ô mon idole,
Je t'évoque auprès de moi,
Et, plein d'une ivresse folle,
Dans ma chambre où je m'isole
Je vis plus heureux qu'un roi.

Pourtant mon nid solitaire,
N'a qu'un pauvre mobilier
Qui, sans mentir, ferait faire,
Dans un grand jour d'inventaire,
La grimace à maint huissier !

S. Bouillon.

LE FORGERON

CHANSON.

Paroles de H. Durand,

Musique de A. Marquerie.

Gais forgerons, près la forge qui fume,
Nos bras nerveux qui façonnent le fer
Font retentir sur notre lourde enclume
De nos marteaux le tapage d'enfer.
Abeille active, en notre humaine ruche
Chacun de nous travaille avec ardeur.
Pour la famille il faut emplir la huche
Et préparer un avenir meilleur.

Refrain.

Du cœur à la tâche,
Au bruit du marteau
Chantons sans relâche
Un refrain nouveau.
Pleins de courage, apprêtons pour l'étau
Le fer qui doit gémir sous le ciseau.

Le marteau, notre gagne-pain,
Nous promet un doux lendemain :
Le fer faiblit sous notre effort.
Pan pan pan pan ! Forgerons, frappons fort.
Pan pan pan pan pan pan, frappons fort (*bis*).

Le forgeron, le cœur plein de courage,
Chaque matin arrive à l'atelier,
Et sans surseoir se mettant à l'ouvrage,
Fait le devoir d'un vaillant ouvrier.
Il me souvient que feu mon vieux grand-père
M'a bien souvent répété ce dicton :
Enfant, il faut travailler sur la terre ;
C'est en forgeant qu'on devient forgeron.
   Du cœur à la tâche, etc.

Rappelez-vous que sous la république,
Lorsque la France a défendu ses droits,
Le forgeron a façonné la pique
Qui fit pâlir à l'étranger les rois.
Du sol natal la frontière envahie
Vit accourir une armée en sabots ;
Pour le pays plus d'un donna sa vie,
La liberté fit naître des héros.
   Du cœur à la tâche, etc.

Le grand Eloi, que notre état révère,
A Dagobert, un jour mal culotté,
Disait : Grand roi, cela me désespère,
Votre culotte est du mauvais côté.
Amis, je crois qu'Eloi va reparaître
Pour redresser de nouveau les travers ;
Car maint valet qui veut trancher du maître
A retourné sa culotte à l'envers.

AH! COMME C'EST BON

CHANSONNETTE.

Paroles d'Auguste HARDY.

AIR : *Mariez-vous donc !*

Devant une table garnie
De mets les plus délicieux,
Je sens une joie infinie :
Je rends grâce au maître des cieux
D'avoir fait tout si merveilleux.
Mangeant volailles, côtelettes ;
Sablant le bordeaux, le mâcon,
Je me dis : Pour nos margoulettes,
  Ah! comm' c'est bon ! (4 fois)

Je n'avais rien comme fortune,
Quand je trouvai sur mon chemin,
Un jour, une charmante brune
Qui me dit : J'accepte ta main,
Voulant partager ton destin.
Aussi, devant femme qui n'aime
Que contre du Trésor un bon,
Je dis : Etre aimé pour soi-même,
  Ah! comm' c'est bon ! (4 fois)

Si je rencontre un pauvre diable
Antrefois brave travailleur,
Qu'un accident fit misérable,
Et qu'a poursuivi le malheur,

L'émotion gagne mon cœur.
Je me dis : Cet homme est mon frère;
De ce que je puis je fais don...
Quand on soulage la misère,
    Ah! comm' c'est bon! (4 fois)

Si ma chanson a su vous plaire,
Je m'en déclare satisfait ;
Un auteur, selon moi, doit faire
Ressortir dans chaque couplet
Et la morale et le bienfait.
Que vos mains ensemble s'agitent,
J'en serai fier pour ma chanson.
Quand de bons couplets le méritent,
    Ah! comm' c'est bon! (4 fois)

L'ORAGE DU NORD

Paroles d'A. Cosnard, musique de
D. Balleyguier.

(Chez Petit aîné, éditeur, 12, galerie Montpensier,
Palais-Royal.

En ce temps-là, les Scandinaves
Fondaient sur nos bords neustriens,
Et le nom seul de ces païens
Mettait en fuite les plus braves.

Leur jeune chef, au froid abord,
Montrait un féroce courage...
Que Dieu nous garde de l'orage, } *bis.*
De l'orage qui vient du Nord !

Son âme, comme en léthargie,
Dédaignait encor la beauté,
Quand une ardeur de volupté
Le prit, un soir, dans une orgie.
Poussé par ce fougueux transport,
Il sortit sans nul entourage...
Que Dieu nous garde de l'orage, } *bis.*
De l'orage qui vient du Nord !

Il arriva dans une église
Où l'on bénissait deux amants;
Il fit taire les doux serments,
Puis il emporta la promise.
Une barque était dans le port,
Il s'y jette, écumant de rage...
Que Dieu nous garde de l'orage } *bis.*
De l'orage qui vient du Nord !

Guerrier normand, fille de Gaule,
L'ouragan berça vos amours,
Le tonnerre gronda trois jours,
Trois jours le vent souffla du pôle.
La nef qui s'éloigna du bord
N'a pris terre en aucun parage...
Que Dieu nous garde de l'orage } *bis.*
De l'orage qui vient du Nord !

LA NOCE A GRATTELARD

Air : *Combien je regrette* (Béranger).

REFRAIN.

Je vais à la noce
Du pèr' Grattelard,
J'vas remplir ma bosse
Comme un vieux pansard !

Il m'invite dans l'espérance
Que son grand nez tout biscornu
Du sexe aura la préférence
Sur moi qui ne suis que bossu !
    Je vais, etc.

Mais il ne sait pas, le cher homme,
Qu' sa fiancé' n'est pas sans défauts,
Et qu'il peut trouver dans la pomme
Au lieu de pépins, des noyaux !
    Je vais, etc.

A son épous', pendant la danse,
J'espère bien toucher un mot
Sur sa notoire intempérance
Et son nez en form' de sabot !
    Je vais, etc.

J' lui dirai : Voyez-vous, ma chère,
Faut museler ce vieux sing'-là,
Gratt'lard n'était pas votre affaire,
Il a le nez trop drôl' pour ça!
    Je vais, etc.

Après tout, puisqu'il le désire,
Mangeons tout d'mêm' la cargaison,
Si quelqu'un d'entre nous doit rire,
C'n'est pas le maître d'la maison!
    Je vais à la noce, etc.

H. GABORIAU.

L'ORPHELINE ET LE SEIGNEUR

HISTORIETTE.

Paroles de H. DURAND.

AIR : *Le vieux Vagabond.*

— Seule assise sur cette pierre,
Que fais-tu là, près du fossé?
Des pleurs inondent ta paupière,
Ton joli sein est oppressé.
Pourquoi cette douleur amère?
Belle enfant, dis-moi tes malheurs.
— J'ai perdu mon père et ma mère,
Voilà, monsieur, le sujet de mes pleurs.

— Que je te plains, infortunée !
Mais dis-moi quel est ton pays ?
— Près de Solange je suis née.
— Où vas-tu ? — Je vais à Paris.
Je fuis les lieux de ma naissance,
Lieux de mes cruelles douleurs.
Mon cœur est mort à l'espérance,
Voilà, monsieur, le sujet de mes pleurs.

— Hélas ! comme toi, pauvre fille,
Mes yeux ont connu la douleur ;
J'ai perdu toute ma famille,
Mon cœur ne croit plus au bonheur.
A seize ans j'eus pour héritage
Un nom, des biens et des honneurs.
Viens, nous en ferons le partage ;
Console-toi, ne verse plus de pleurs.

Viens avec moi dans mon domaine,
Et ma compagne tu seras ;
Demain tu seras châtelaine,
Sur mes vassaux tu régneras.
L'amour au sein de la richesse
T'offre un chemin semé de fleurs ;
Ouvre ton cœur à l'allégresse ;
Console-toi, ne verse plus de pleurs.

En tremblant l'orpheline cède,
Du seigneur elle suit les pas ;
Bientôt le manoir qu'il possède
Va s'embellir de ses appas.

Du châtelain dame puissante,
Sourde aux discours adulateurs,
Désormais sa main bienfaisante
Des malheureux pourra sécher les pleurs.

C'ÉTAIT EN SEPTEMBRE

Paroles d'A. de Besancenet, musique
de D. Balleyguier.

(Chez PETIT, éditeur, 42, galerie Montpensier,
Palais-Royal.)

C'était en septembre, à la fin du jour;
Nous marchions tous deux dans la grande allée;
Ma jeunesse, hélas! s'en était allée,
Ne me laissant rien que peine en retour.
Vous tourniez vers moi votre doux visage,
Et vous me disiez de prendre courage...
C'était en septembre, à la fin du jour.

Semblable au rayon qui vient imprévu
Sur le ciel obscur qu'assombrit l'orage,
Apparut soudain le brillant mirage
D'un rêve charmant, à peine entrevu.
Je vous regardais, tremblant qu'il me quitte,
Ce rêve autrefois envolé si vite,
Ce rêve charmant à peine entrevu.

Mais je vous disais : « Adieu le bonheur,
Puisque vivre seul est ma destinée ! »

Et mon âme en deuil était résignée
A ce triste arrêt qui brisait mon cœur.
Alors votre main a pressé la mienne....
Ce que j'espérai, qu'il vous en souvienne !
C'était en septembre, un jour de bonheur!

LE TEMPS PASSÉ

Air de la *Bohémienne en a menti*.

Ma pauvre Lise, est-ce bien toi ?
Combien ta mine m'épouvante !
Toi que l'on voyait si pimpante,
Quand chacun subissait ta loi !
Autrefois, belle insoucieuse,
Te carrant dans tes frais atours,
Tu faisais plus d'une envieuse,
Au temps passé de nos amours !

Ta bouche est ridée à présent,
Ton sourire n'a plus de grâce,
Et, s'il fallait que je t'embrasse,
Ton baiser glacerait mon sang !
Tout en toi m'éloigne et me blesse,
Tes fausses dents, tes faux contours ;
Que cela brillait de jeunesse
Au temps passé de nos amours !

Naguères, à tes rendez-vous,
J'en ai bien vu tourner des têtes !
Maintenant, montre tes conquêtes :
Des gens qui t'accablent de coups !
Hélas ! combien tu dois maudire
Ces bijoux, cet or, ce velours.
Je n'ai cessé de te le dire
Au temps passé de nos amours !

H. GABORIAU.

LA NUIT AU DÉSERT

FANTAISIE.

Paroles de LUCIEN BIART, musique de DELPHIN BALLEYGUIER.

(Chez PETIT, éditeur, 42, galerie Montpensier, Palais-Royal.)

La nuit qui s'avance
Impose silence
Au bruit qui s'élance
De tous les buissons.
Et sur la vallée,
Maintenant voilée,
La voûte étoilée
Répand ses rayons.

Dans le bois rustique,
Près d'un arbre antique,

L'esprit fantastique,
Démon indien,
Siffle, et son haleine
Va, jusqu'à la plaine,
De terreur soudaine,
Glacer un chrétien.

Il chasse, et dans l'herbe
Qui se presse en gerbe,
Le tigre superbe
Se lève et rugit,
Comme une avalanche,
Franchit une branche.....
Mais la forme blanche
Soudain le saisit.

Le râle soupire,
L'animal expire,
Puis un joyeux rire
Fait vibrer les airs.
Un foyer s'allume,
Et l'on voit la brume
Flotter, vague écume,
Sur les antres verts.

Puis, tout fait silence,
Le désert immense
Reprend, en cadence,
Sa tranquillité.
Les blondes chimères
Closent les paupières
Qui rêvent lumières
Et sérénité.

LE GANDIN DE MA VOISINE

Air de : *Laissez les roses aux rosiers.*

Ma voisine est très-fort coquette,
Peu travailleuse, et je la crois
Amoureuse de la guinguette
Et du liquide qu'on y boit;
Elle aime à traîner dans la boue
Sa crinoline et son pied fin;
Elle est toquée, et fait la roue
Sous l'œil de son jeune gandin. (*bis.*)

Ce gandin chéri de la belle
Est de ceux dont on ne dit rien;
Je le crois laveur de vaisselle,
Mais à la ville il est très-bien;
Son talisman, c'est que sa poche
Rend toujours un son argentin.
Faudrait avoir un cœur de roche
Pour ne pas aimer ce gandin! (*bis.*)

Afin d'épancher mieux son âme,
La belle trompe ses parents;
Elle ne s'émeut pas du blâme
Que lui jettent les clairvoyants.
L'amoureux laisse ses assiettes
Et fait faction dès le matin;
Il n'est pas besoin de lunettes
Pour observer notre gandin. (*bis.*)

Savez-vous, jeunes filles sages,
Ce que plus tard il adviendra ?
C'est que tous deux étant volages,
L'un ou l'autre se quittera.
Or, méditez bien ma pensée :
Mieux vaut suivre le droit chemin;
Ce qu'il faut à fille sensée,
C'est un époux, non un gandin. (bis.)

H. GABORIAU.

CELLE QUI M'EST APPARUE

Paroles de Louis ROGER, musique de Mlle Marie D'HAUTERIVE.

Elle était douce, elle était blanche
Comme la colombe des bois ;
Elle avait la voix claire et franche,
La voix naïve des hautbois ;
Elle venait, me disait-elle,
Du pays où les pampres verts
Font à la terre maternelle
Un abri sûr pour les hivers.
    France, Espagne, Italie,
      Qui de vous a doté
      Le front de mon amie
      D'aussi chaste beauté ?

Elle était innocente et pure
Comme la fleur, comme l'agneau ;

Son cœur battait comme un murmure
Ou de la brise ou du ruisseau.
Elle avait la candeur extrême
D'un ange égaré parmi nous ;
Les enfants lui disaient : « Je t'aime ! »
Et le lui disaient à genoux.
  France, Espagne, Italie,
   Qui de vous a doté
   Le front de mon amie
   D'aussi chaste beauté ?

Un jour, sa main toucha la mienne,
Un mot d'elle toucha mon cœur ;
Pourquoi faut-il qu'il m'en souvienne ?
C'est mon éternelle douleur.
« Adieu, je retourne, dit-elle,
Au beau pays qui mit un jour
Dans mes yeux la vive étincelle,
Dans mon cœur le premier amour ! »
  France, Espagne, Italie,
   Qui de vous a doté
   Le cœur de mon amie
   De tant de cruauté ?

L'HOROSCOPE DU MARI

Air :

La fée Urgèle, qui préside
Aux nœuds les plus doux de l'amour,

Au chevet d'un époux candide
Vint se reposer l'autre jour.
Quel don puis-je faire, dit-elle,
A cet intéressant mari,
Et de mes faveurs quelle est celle
Que sa femme n'a pas pour lui?

Un esprit qui passe mesure
Pourrait sans doute lui peser,
Puisque la prudente nature
A voulu le lui refuser.
Lors n'en augmentons pas la dose
Qui suffit bien pour un mari,
Sur sa femme je me repose,
Bien sûr elle en aura pour lui.

Adonis, d'heureuse mémoire,
Plus que lui sans doute était beau,
Mais ce serait erreur de croire
Qu'être laid soit un grand défaut.
Aussi d'une grâce nouvelle
Que sert de parer ce mari ?
Puisque sa femme est jeune et belle,
C'est assez, elle l'est pour lui.

Sans doute il est charmant, aimable,
On le sait, le fait est certain,
Et nombre d'amis à sa table
Viennent s'asseoir chaque matin.]

S'il trouve qu'il n'a pas le nombre
Nécessaire à chaque mari,
Qu'il n'en prenne pas d'humeur sombre,
Sa femme en acquerra pour lui.

Pour des enfants c'est son affaire,
A lui d'ordonner son destin :
Mon pouvoir ne saurait qu'y faire,
Et son sort est entre ses mains.
Mais qu'il sache qu'en mariage
Ce que ne fait pas un mari,
On prétend qu'une femme sage
Toujours sut le faire pour lui.

A. Desprez.

QUE NOS PÈRES ÉTAIENT HEUREUX

CHANSON POITEVINE.

Musique de Delphin Balleyguier.

(Chez PETIT, éditeur, 42, galerie Montpensier,
Palais-Royal.)

Que nos pères étaient heureux (*bis*)
Quand ils étaient dedans leurs caves!
Ils avaient du vin auprès d'eux. (*bis*)
Ces braves gens n'étaient pas braves,
Ils allaient boire à leurs tonneaux
    Comme des trous; (*bis*)
    Oh! oh! oh! oh!
    Bien autrement que nous!

Ils n'avaient ni riches buffets (bis)
Ni belles glaces de Venise ;
Mais ils avaient des gobelets (bis)
Aussi grands que leur barbe grise.
Ils allaient boire à leurs tonneaux
    Comme des trous, (bis)
      Oh! oh! oh! oh!
    Bien autrement que nous!

Ils ne savaient grec ni latin, (bis)
Pas un mot de théologie,
Mais ils avaient le goût du vin, (bis)
C'était là leur philosophie.
Ils allaient boire à leurs tonneaux
    Comme des trous, (bis)
      Oh! oh! oh! oh!
    Bien autrement que nous!

Quand ils avaient quelque chagrin, (bis)
Ou bien quelqu'autre maladie,
Ils laissaient là le chirurgien (bis)
Et toute la chi... chirurgie.....
Ils allaient boire à leurs tonneaux
    Comme des trous (bis)
      Oh! oh! oh! oh!
    Bien autrement que nous!

REVIENDRA-T-ELLE?

LIED.

Paroles de O. L., musique de Delphin Balleyguier.

(Chez PETIT aîné, éditeur, 42, galerie Montpensier, Palais-Royal.)

Reviendra-t-elle encore,
L'ange de mes amours!...
Dans la nuit qui dévore
Se passent tous mes jours....
Reviendra-t-elle encore?
Las! je l'attends toujours!

La première hirondelle
Ramène le printemps;
Elle partit, ma belle,
Oh! voilà bien longtemps!
Las! voilà bien longtemps!
Mon Dieu! reviendra-t-elle?

Je ne sais, mais j'attends.
Tout en pleurs, dès l'aurore,
J'appelle mes amours,
Et je prie, et j'implore,
Et les échos sont sourds.
Reviendra-t-elle encore?

Las! je l'attends toujours!
La dernière hirondelle

Emporte le printemps,
Et je suis sans ma belle,
Las! voilà bien longtemps!...
Mon Dieu! reviendra-t-elle?
Je ne sais, mais j'attends!....

L'UNIVERS EST A NOUS

Air du *Chant des Zouaves*.

Allons, enfants, il faut payer la dette
Que nous devons tous à notre pays,
Il faut, quittant la blonde ou la brunette,
Laisser aussi chaumes, parents, amis;
Mais, compagnons, ce moment de tristesse
Qui nous saisit à l'instant du départ,
Lors du retour sera de l'allégresse,
Et de bonheur chacun aura sa part.

REFRAIN.

Allons, allons,
Français, entendez-vous?
Dans chaque chaumière
La France guerrière!
Marchons, marchons,
Dieu veille; tous
Chantons, chantons:
L'univers est à nous!

Est-il un sort plus fortuné que d'être
De son pays menacé les soutiens ?
Le cœur content, en soi-même on sent naître
Le dévoûment pour les concitoyens.
On part joyeux, quand c'est pour la patrie,
Avec ardeur on court sous les drapeaux,
Et si survient la fortune ennemie,
Sans murmurer on supporte ses maux !
   Allons, allons, etc.

Rappelons-nous la gloire, les conquêtes
De nos aïeux, nobles prédécesseurs !
Remparts vivants de froides baïonnettes,
Comme eux gardons et nos mères et nos sœurs.
Rappelons-nous qu'à notre tour sans doute,
Au champ d'honneur sous le regard de Dieu !
De ces héros nous poursuivrons la route
En recevant le baptême du feu !

   Allons, allons,
  Français, entendez-vous ?
  Dans chaque chaumière
  La France guerrière !
   Marchons, marchons,
   Dieu veille ; tous
   Chantons, chantons :
  L'univers est à nous !

       H. GABORIAU.

BALLADE

Paroles de Salvator Callault, musique de
J.-B. Wekerlin.
Dédiée à madame Charles Ponchard.

En ma jeunesse aimais la belle Hermance,
Hermance aussi me payait de retour :
Tendres amants, jugez de ma souffrance,
Si grand bonheur n'a duré qu'un seul jour.

Comme une fleur qui voit naître l'aurore,
Et que Zéphir caresse avec amour.
Elle était fraîche ! et bien plus belle encore :
Si grand bonheur n'a duré qu'un seul jour.

Aux pieds de Dieu, conduit par l'Hyménée,
Je recevais le prix de tant d'amour,
Le ciel jaloux brisa sa destinée :
Si grand bonheur n'a duré qu'un seul jour.

Vous dont l'amour enflamme la tendresse,
Et qui goûtez le charme du retour,
Ah ! croyez-moi, redoutez son ivresse :
Si grand bonheur peut finir en un jour.

VOYAGE AUX CHAMPS

CAMPANELLE

Paroles de PAUL PERRIER, musique de DELPHIN BALLEYGUIER.

(Chez PETIT, éditeur, 12, Galerie Montpensie Palais-Royal.)

Dans ce chemin quel air pur on respire !
Et combien l'âme y goûte de bonheur !
L'Etre infini que l'on ne peut décrire
Sur chaque objet paraît dans sa splendeur !
Du frais Zéphir voici le doux murmure ;
L'heureux oiseau fait entendre ses chants,
La terre a pris sa plus riche parure :
Ah ! qu'il fait bon voyager dans les champs !

Là, sur ce tertre, un poète étudie,
Son œil des cieux sonde la profondeur,
Il croit, devine, et, s'inclinant, il prie ;
Oh ! respectons sa sublime ferveur !
Pour toi qui sais, philosophe superbe,
Parler de tout avec des airs tranchants,
Dis, si tu peux, ce que c'est qu'un brin d'herbe.
Ah ! qu'il fait bon voyager dans les champs !

Mais quelle image ! un rayon d'espérance,
Comme un éclair apparaît à mes yeux :

L'écho redit : Sur la terre souffrance,
Et douce paix à qui va vers les cieux !
La liberté sourit à l'hirondelle
Qui s'abandonne à ses joyeux penchants,
Et près de l'homme est la brebis qui bêle..
Ah ! qu'il fait bon voyager dans les champs ! (*bis*.

TROP PARLER NUIT

Air : *Mettez-moi ça dans du papier*.

J'ai lu qu' dans un lointain parage
On fut contraint d' manger du ch'val.
Moi je s'rais mort avec courage
En respectant cet animal !
En répondre aujourd'hui je n'ose ;
Je vois mon vieux temps s'en aller,
Et puisqu'on a permis la chose,
Faut réfléchir avant d'parler.

J'étais allé, l'jour de ma fête,
Au théâtre, lorsqu'un voyou
S'écrie en désignant ma tête :
« Il n'a plus de mouss' su' l'caillou ! »
J'lui réponds : « Respectez, jeune homme,
« Ceux qui bientôt vont s'en aller ! »
Sur l'nez y m'lance un trognon d'pomme...
Faut réfléchir avant d'parler.

L'ennemi, perdant la mémoire,

Dit, en s'alignant devant nous :
Aujourd'hui, de par notre gloire,
Les Français s'mettront à genoux !
Venez-y voir !... dans la bataille,
Il ne faut pas nous ravaler,
Car nous savons, sous la mitraille,
Agir mieux encor que parler.

Il est bon, je vous le répète,
D'agir avec réflexions,
Pourtant, comme une vieille bête,
J'viens d'vous dir' mes impressions.
Vous ai-je plu ? je n'ose y croire,
Faut d'l'esprit pour vous régaler,
Et surtout, devant l'auditoire,
Faut réfléchir avant d'parler.

H. GABORIAU.

LE CHEVALIER FÉLON

Paroles et musique de DELPHIN BALLEYGUIER.
(Chez PETIT aîné, éditeur, 42, galerie Montpensier,
Palais-Royal.)

Dans un vieux château de Lorraine
Habitait un cruel baron.
Il n'avait pas de châtelaine,
Ne craignant ni Dieu, ni démon. (*bis*)
Ses gens allaient, par la campagne,
Voler les filles du canton.

En passant près de la montagne, } (bis)
Craignez le chevalier félon.

Un soir, la belle Elise seule
Chevauchait sur son palefroi.
C'était d'un comte la filleule
Et la promise au fils du roi. (bis)
D'un bond le chevalier la gagne,
L'emporte au fond de son donjon.
En passant près de la montagne, }(bis)
Craignez le chevalier félon.

Quand elle vit que cet infâme
Allait lui ravir son honneur,
Elle remit à Dieu son âme,
Parut soumise à son malheur ! (bis)
« Je suis, dit-elle, ta compagne,
De cet anneau je te fais don. »
En passant près de la montagne, } (bis)
Craignez le chevalier félon.

A peine a-t-il pris cette opale
Qu'il brûle d'un feu dévorant,
Son visage devient tout pâle,
Il tombe et se roule en râlant. (bis)
La mort presque aussitôt le gagne,
Son âme appartient au démon.
En passant près de la montagne, } (bis)
Craignez le chevalier félon.

Avec terreur s'enfuit la belle
Au galop de son palefroi;

Et puis, au pied de la tourelle,
Elle conduit le fils du roi. (bis)
Par le bourreau qui l'accompagne
Il fait abattre le donjon.
Allez, allez sur la montagne,
Sans craindre un chevalier félon. } (bis)

LA NUIT DE JEANNE

Paroles d'EMILE DESCHAMPS, musique de
DELPHIN BALLEYGUIER.

Chez PETIT aîné, éditeur, 42, galerie Montpensier,
Palais-Royal.)

Minuit sonnait à la grande pendule,
Et la grand'mère avait les yeux fermés, [dule...
Mais l'ombre est chère au cœur tendre et cré-
Et vous veillez, Jeanne, car vous aimez....

Vos longs regards fixés sur une étoile
Y vont chercher des regards enflammés...
Mais quoi ! déjà le bel astre se voile...
Jeanne, aime-t-il ? celui que vous aimez...

Le son d'un cor a percé la nuit sombre,
Un doux frisson court dans nos cœurs charmés...
Mais quoi !... déjà des chiens hurlent dans l'om-
Jeanne, vient-il celui que vous aimez ?... [bre...

Et puis, soudain... s'arrête la pendule ;
Les deux flambeaux s'éteignent consumés....

Tout est présage au cœur tendre et crédule,..
Jeanne, est-il mort celui que vous aimez?...

Non, plus d'effroi que Dieu même condamne!...
Voyez ces fleurs, messages parfumés!....
Et ce billet!... Ah! bénissez Dieu, Jeanne!
Jeanne, il vous rend celui que vous aimez!

LES FLEURS DE LA SAINT-MARTIN

Paroles de H. DE BORNIER, musique
de D. BALLEYGUIER.

(Chez PETIT aîné, éditeur, 42, galerie Montpensier,
Palais-Royal.)

Voyez, enfants dont la main cueille
Les dahlias et les asters,
Dans l'arbre, qui déjà s'effeuille,
Briller des rameaux encor verts;
Mais ces rameaux jauniront vite,
Ces fleurs ne vivront qu'un matin,
C'est l'ombre à présent qu'on évite....
C'est l'été de la Saint-Martin. (ter)

Le soleil, dans les hautes herbes,
Sourit au ruisseau tiède encor,
Il frappe les chênes superbes
De ses dernières flèches d'or;
Mais le soir, fillette folâtre,

4

Aïeul pensif, garçon mutin,
Chacun s'empresse autour de l'âtre....
C'est l'été de la Saint-Martin. (*ter*)

Toi que l'on trouve belle encore,
Songe, malgré ton front vermeil,
A ces dernières fleurs que dore
Ce dernier rayon de soleil.
De ta beauté tout ce qui reste
Subira le même destin.
Souris d'un sourire modeste....
C'est l'été de la Saint-Martin. (*ter*)

GARDEZ BIEN VOS VINGT ANS

Air de *La Cinquantaine*.

J'avais vingt ans, le feu de la jeunesse
Se reflétait dans mes yeux bleus, si doux,
Que mon regard semblait une caresse
Dont chaque femme avait le cœur jaloux.
J'avais vingt ans, heureux âge où la vie,
Comme une fleur au soleil du printemps,
S'épanouit sur la route fleurie :
Enfants chéris, gardez bien vos vingt ans ! } *bis*.

J'avais vingt ans, une blonde maîtresse,
De gais amis se disputaient mon cœur ;
Mes jours fuyaient emportés par l'ivresse,

Qu'il était beau mon rêve de bonheur !
Mes bons amis, je vous revois encore,
Mais vos cheveux, comme les miens, sont blancs ;
Tendre maîtresse, ah! tu n'es plus aurore : ⎫ *bis*.
Enfants chéris, gardez bien vos vingt ans ! ⎭

Quand le bon Dieu nous donna l'existence,
Du ciel on vit trois beaux anges venir ;
L'un est l'*Amour*, le second l'*Espérance*,
Et le dernier se nomme *Souvenir*.
Les deux premiers de la folle jeunesse
Guident les pas, jusqu'au jour où le temps
Ne laisse plus que l'autre à la vieillesse : ⎫ *bis*.
Enfants chéris, gardez bien vos vingt ans ! ⎭

Hippolyte CHATELIN.

LE CHASSEUR
DE LA MONTAGNE

Air :

REFRAIN.

Bravant la pluie et les autans,
Je franchis ravins et torrents,
Avec moi je porte la foudre,
J'ai des balles, j'ai de la poudre,
Un vieux mousquet, bons yeux, bons bras,

Chasseur, quand il a
Tout cela,
Ne tremble pas !

Hardi chasseur de la montagne,
Avant le lever du soleil,
Je sais, pour me mettre en campagne,
Faire trêve à mon lourd sommeil.
Des daims la folâtre cohorte
Bondit et semble me braver;
Mais Brisquet, mon chien, fait en sorte
Tôt ou tard de les retrouver.
  Bravant, etc.

Je préfère au fracas des villes
Les glaciers, les sombres forêts;
J'y trouve les plaisirs faciles
Et la puissance à peu de frais :
L'ours, au sortir de sa tanière,
Vient tomber sous mon plomb cruel,
Et l'aigle altier, quittant son aire,
Dès qu'il me voit remonte au ciel.
  Bravant, etc.

Belle est ma vie aventureuse,
Mais il y manque un peu d'amour
Me faudra-t-il, à l'amoureuse,
Faire la chasse quelque jour?
La gaîté, qui fut ma compagne,

A su rencontrer son vainqueur :
Bref, un beau soir, dans la campagne,
Je crains d'avoir perdu mon cœur !
  Bravant, etc.

Si Perrette, que j'ai choisie,
Pouvait lire, au fond de mon cœur,
Que je sacrifierais ma vie
S'il le fallait pour son bonheur !
Cent fois j'ai voulu de la belle,
Connaître aussi le sentiment ;
Mais, hélas ! quand je suis près d'elle,
Je n'ose parler ; et pourtant.
  Bravant, etc.

H. Gaboriau.

C'EST D'L'OCCASION

Paroles d'Hippolyte Chatelin.

Air : *Marie-toi donc !*

Maint auteur se creuse la tête,
Pour faire éclore en son cerveau
Un gai refrain de chansonnette,
Un récit plus ou moins nouveau. *(bis.)*
Rien n'en sort qui vaille la peine
D'un quart d'heure d'attention...
Son refrain n'est qu'une rengaîne :
  C'est d' l'occasion.   *(4 fois.)*

L'autre jour, au coin de la rue,
Un minois des plus égrillards
A me cligner d'l'œil s'évertue.
I'm'sembl' que j'ai vu ça quéqu'part. (bis.)
Mais je n'me tromp' pas, c'est Laurence,
L'ancienne à mon ami Mansion...
Ell' s'disait novic'! quand j'y pense :
    C'est d' l'occasion.   (4 fois.)

Gustave a la passion d'écrire,
Il veut faire un nouveau journal ;
Sur tous les murs, vous pouvez lire,
C'est inouï !! Fatal !!! Fatal !!!!   (bis.)
Il nous offre d'utiles primes,
(Un clyso nouvelle invention)
Son journal se vend cinq centimes...
    C'est d' l'occasion.   (4 fois.)

Les marchands d'habits d' notre époque
Ont l'impudenc' de nous vanter
Une abominable défroque
Qu'ils voudraient nous faire porter. (bis.)
Prenez ce *je-n'm'en-f'rai-plus-faire*
C'est l' dernier mot de la fashion ;
Tailleur, tu voudrais nous la faire :
    C'est d' l'occasion.   (4 fois.)

Un poète d'humeur rêveuse,
Qui chantait l'amour et les champs,
Vint me montrer, l'âme joyeuse,
Un grand poème en douze chants. (bis.)

J' lui dis : c' que t'as fait là, ma vieille,
C'est plein d' sentiment, de passion...
Mais on n' veut plus mêm' de Corneille :
    C'est d' l'occasion !   (4 *fois.*)

Messieurs, l'auteur de c'tte complainte
Est un grand s'rin qu' vous connaissez ;
J' vous dirais bien son nom sans crainte,
Mais, j'ai trop peur d'êtr' balancé. (*bis.*)
Il n'a jamais rien fait d' si bête,
Mais, comm' c'est mon ami d' pension,
Je n' dirai pas d' sa chansonnette :
    C'est d' l'occasion.   (4 *fois.*)

L'HIRONDELLE D'HIVER

Paroles de Louis DELACHAUSSÉE.

'AIR : des *Hirondelles, de Béranger.*

Lorsque l'hiver arrive,
L'oiseau de Béranger
Voltige sur la rive
Et part pour l'étranger !...
L'enfant de la Savoie
Se dirige chez nous,
Car sa mère l'envoie
Gagner quelques gros sous.

REFRAIN.

A la saison cruelle,
Le front noir et l'œil clair,
Tu nous reviens fidèle,
Hirondelle d'hiver.

Il quitte sa montagne
A la grâce de Dieu.
L'écho de la campagne
Emporte son adieu.
Alors, d'un pas agile,
Le petit ramoneur
Demande par la ville
Pour ses bras du labeur.
A la saison cruelle, etc.

Et s'il manque d'ouvrage,
Tremblant de froid, de faim,
Au détroit d'un passage,
Le soir, il tend la main !
Et l'heureux de la terre,
Quelquefois obligeant,
Soulage la misère
De ce jeune indigent.
A la saison cruelle, etc.

Ne jetez pas le blâme
A ce déshérité,
Souvent au fond de l'âme
Il n'a plus de gaîté ;

Car il songe à sa mère,
Hélas ! seule au pays ;
A sa pauvre chaumière,
Qu'il préfère à Paris !

A la saison nouvelle,
Le front noir et l'œil clair,
Tu partiras fidèle,
Hirondelle d'hiver.

JE N'DIS PAS NON

Air de la *Gueule à quinze pas*.

J'ai pris l'habitude, à tort ou à raison,
  D'être de l'avis de tout l'monde,
Croyez, malgré ça, que j'vis à ma façon,
  Et je crois ma ruse profonde;
  Si l'on dit ci, si l'on dit ça,
J'approuve ceci, puis j'applaudis cela,
  A chaque question j'réponds :
  C'est possible, je n'dis pas non.

L'un me dit : l'patron est un vrai chenapan,
  Il ne connaît que l'injustice,
Il prend avec moi des airs d'Artaban
  Comm' le public avec l'actrice ;

L'autre au contrair' trouve tout bien,
C'est l'ami dévoué de celui qui n'a rien.
   A l'un comme à l'autr' je réponds :
   C'est possible, je n'dis pas non.

Vous m'direz peut-être qu'il est malséant
   De se moquer de son semblable,
Et qu'après l'exempl' du pauvre Juif errant
   On doit être plus charitable.
   J'répét'rai c'que j'ai déjà dit,
Car je goûte peu les efforts de l'esprit,
   Vos conseils peuv'nt avoir du bon :
   C'est possible, je n'dis pas non !

GABORIAU.

FIN

TABLE

Les femmes et les épinards	3
La gargotte	4
Lurons bien ronds	6
Les goûts d'aujourd'hui	8
Printemps	9
La nuit dans la forêt	10
L'Epicurien	12
Jusques au bout du nez	14
Ne vous en souvenez-vous plus ?	16
Le buveur	17
Harmonies tristes	19
Odette	20
A est long dans pâte	21
Tout pousse	24
Honneur et gloire aux vignerons	25
Mon p'tit bout d'homme de frère	27
La Bohémienne	28
Faut réfléchir avant d'parler	30
Mon ermitage	31
Le forgeron	34
Ah ! comme c'est bon	36
L'orage du Nord	37
La noce à Grattelard	39
L'orpheline et le seigneur	40
C'était en septembre	42
Le temps passé	43
La nuit au désert	44

Le gandin de ma voisine	46
Celle qui m'est apparue	47
L'horoscope du mari	48
Que nos pères étaient heureux !	50
Reviendra-t-elle ?	51
L'univers est à nous	52
Ballade	53
Voyage aux champs	
Trop parler nuit	
Le chevalier félon	
La nuit de Jeanne	
Les fleurs de la Saint-Martin	60
Gardez bien vos vingt ans	61
Le chasseur de la montagne	62
C'est d' l'occasion	65
L'hirondelle d'hiver	67
Je n'dis pas non	69

Imprimé par Ch. Noblet, rue Soufflot, 15.

www.ingramcontent.com/pod-product-compliance
Lightning Source LLC
LaVergne TN
LVHW051510090426
835512LV00010B/2453